GUSTAV KLIMT
ET LA SENSUALITÉ FÉMININE

—— Entre symbolisme et Art nouveau

par Nadège Durant

50MINUTES

Avec la collaboration d'Angélique Demur

GUSTAV KLIMT

- **Naissance ?** Né le 14 juillet 1862 à Baumgarten (Autriche).
- **Mort ?** Décédé le 6 février 1918 à Vienne.
- **Contexte ?** Chef de file du mouvement Art nouveau et du symbolisme viennois.
- **Œuvres majeures ?**
  - *Pallas Athéna* (1898)
  - *La Frise Beethoven* (1902)
  - *La Philosophie* (1907)
  - *Le Baiser* (1907-1908)
  - *Danaé* (1907-1908)

Gustav Klimt est l'un des membres les plus importants du mouvement Art nouveau qui se développe à Vienne un peu avant 1900. Appelé la Sécession viennoise, ce mouvement inaugure un véritable renouveau artistique en Autriche. Klimt est ainsi considéré comme un artiste en avance sur son temps.

Connu au début de sa carrière pour ses décorations murales néoclassiques, il se détourne rapidement du style académique qui fait son succès pour fonder, avec d'autres, la Sécession viennoise. Ses travaux incluent des peintures sur toile, des fresques murales, des dessins et d'autres objets d'art. Mais il a d'autres cordes à son arc puisqu'il est également décorateur, peintre de cartons de tapisseries et de cartons de mosaïques, céramiste et lithographe. Dans ses œuvres, Gustav Klimt intègre des éléments sensuels et exotiques, et prend pour principal sujet le corps féminin, auquel il imprime un érotisme franc. Sa production artistique, novatrice et moderne, décline toute une galerie de personnages, de sujets allégoriques, de nus, de portraits et de paysages.

Toutefois, le symbolisme sexuel et la charge érotique de ses compositions, même sous couvert allégorique, vont au-delà de ce que la bourgeoisie viennoise est prête à accepter. Érigé en chef de file de la modernité autrichienne, Gustav Klimt choque les conservateurs, provoquant de vives controverses, et se voit admiré par une nouvelle génération d'artistes d'avant-garde. Sa notoriété est telle que ses œuvres sont aujourd'hui considérées, pour la plupart, comme des pièces majeures de l'histoire de l'art.

CONTEXTE

VIENNE EN 1900

Le travail de Gustav Klimt est profondément marqué par l'effervescence de la ville dans laquelle il vit : Vienne. Au début du XXe siècle, celle-ci rivalise avec les grandes métropoles européennes que sont Paris, Bruxelles et Londres. D'un point de vue économique et démographie, sous l'effet d'une extension urbanistique et de l'immigration, la capitale de l'Autriche-Hongrie ne cesse en effet de croître. En 1900, elle est peuplée de deux millions de sujets, au sein d'un empire qui en compte cinquante.

Le pays est alors entre les mains de l'empereur François-Joseph Ier (1830-1916), qui règne de 1848 à 1916. Ce dernier modernise et centralise l'administration autrichienne à Vienne, qui se trouve au cœur de l'empire. Dans le même temps, il ordonne la destruction des remparts de la cité, diminue les droits de douane, unifie la fiscalité, participe à la création de l'université de Vienne, et réalise d'autres interventions en vue de positionner la ville comme le centre économique, artistique et scientifique du pays.

Cette transformation va de pair avec une évolution des mœurs et de la société viennoise. De nombreux immigrants venus de tout l'empire et d'au-delà s'installent dans cette métropole cosmopolite où se croisent des peuples aux religions et aux traditions variées. Ce métissage culturel contribue à l'émergence de nouvelles couches sociales, et l'on voit apparaître les premiers syndicats et partis politiques. Poussé par le peuple, l'empereur François-Joseph Ier instaure le suffrage universel, bien qu'il y soit opposé par principe.

La bourgeoisie montante, désormais incontournable sur le plan économique, impose sa présence à l'aristocratie et déstabilise la monarchie.

LA FIN DE L'ACADÉMISME ARTISTIQUE

Ces changements influencent d'une certaine manière le travail de Gustav Klimt, que l'on pourrait qualifier d'« universitaire classique » au début de sa carrière. Ses maîtres, notamment les peintres Ferdinand Laufberger (1829-1881) et Julius Victor Berger (1850-1902), lui inculquent la notion du beau antique. Le jeune artiste passe des années à reproduire des modèles gréco-romains en accord avec le néoclassicisme.

LE NÉOCLASSICISME

Le néoclassicisme voit le jour en Europe dans la seconde moitié du XVIIIe siècle grâce à l'influence croissante de l'Antiquité classique sur l'art. Les réalisations anciennes, synonymes d'harmonie, d'équilibre et de simplicité, suscitent un regain d'intérêt auprès des peintres de l'époque qui entendent dès lors imiter dans leurs œuvres les formes gréco-romaines.

Néanmoins, au début des années 1890, Gustav Klimt s'interroge sur l'évolution de la société et de l'art. Avec d'autres artistes tels que les architectes et décorateurs Josef Maria Olbrich (1867-1908) et Josef Hoffman (1870-1956), il inaugure un changement majeur au sein du milieu artistique viennois en fondant, en 1897, une nouvelle association : la *Wiener Secession* (« Sécession de Vienne »), dans la lignée de l'Art nouveau.

L'objectif premier du groupe est d'exposer et de faire connaître de jeunes artistes locaux ou étrangers, en favorisant la coexistence de styles différents. Pour appuyer leur démarche, les membres de l'association créent dans la foulée une revue intitulée *Ver Sacrum*

(« Printemps sacré »), un titre qui renvoie au rite antique du renouveau : il fait référence à la formation académique des artistes, inculquée par des maîtres dont ils doivent dorénavant s'affranchir. L'écrivain Hermann Bahr (1863-1934) définit la mission de la Sécession viennoise dans le premier numéro de *Ver Sacrum* :

> Notre art n'est pas un combat des artistes modernes contre les anciens, mais la promotion des arts contre les colporteurs qui se font passer pour des artistes et qui ont un intérêt commercial à ne pas laisser l'art s'épanouir. Le commerce ou l'art, tel est l'enjeu de notre Sécession. Il ne s'agit pas d'un débat esthétique, mais d'une confrontation entre deux états d'esprit. » (BAHR (Hermann), « Pourquoi publions-nous une revue ? », *Ver Sacrum*, Vienne, 1897, traduit de l'allemand par Yves Kobry dans le catalogue Vienne 1880-1938, p. 205)

L'auteur met en évidence un renouveau artistique qui se dresse face à ce que l'opinion publique tient comme une évidence, à savoir l'emprise de l'argent sur l'art. Les artistes, une fois libérés du poids des commandes des mécènes, ne peuvent qu'être libres dans leurs choix esthétiques.

L'ART NOUVEAU

L'Art nouveau est un mouvement européen et américain de rénovation de l'architecture et des arts qui se développe entre 1890 et 1905. Il prône l'art total, c'est-à-dire la fusion des genres artistiques dans un même élan (peinture, musique, arts décoratifs, architecture). En Allemagne, il prend le nom de *Jugenstil*, du nom de la revue éponyme *Jugend*, en Autriche *Sezessionstil*, en Angleterre, *Modern Style*, etc.

L'INFLUENCE DE LA PSYCHANALYSE

Cette période est extrêmement prolifique pour Gustav Klimt, qui s'ouvre à de nouvelles influences : il découvre la peinture à fond doré, ainsi que les mosaïques paléochrétiennes et médiévales de

Ravenne et de Venise. Par ailleurs, il trouve une grande source d'inspiration dans les arts égyptien, assyro-babylonien, byzantin et japonais, suivant en cela l'exemple des symbolistes et des impressionnistes.

L'artiste viennois s'intéresse également à la thématique alors très à la mode d'Éros et de Thanatos (respectivement, le dieu de l'amour et la personnification de la mort), récupérée par les théories freudiennes. D'ailleurs, un nombre important des sujets abordés par Klimt dans ses œuvres trouvent leur source dans les analyses du célèbre médecin autrichien Sigmund Freud (1856-1939). Père de la psychanalyse, celui-ci postule l'existence de l'inconscient, allant à l'encontre de la conception selon laquelle l'homme serait totalement libre et rationnel : en réalité, d'après lui, l'être humain serait gouverné par des forces inconscientes qu'il ne contrôle pas. Dans *L'Interprétation des rêves* (1900), Freud formule une théorie selon laquelle la sexualité serait l'un des moteurs de nos actions et de nos désirs, une révélation qui bouleverse de fond en comble la morale et l'équilibre de la société autrichienne de l'époque. Klimt, en peignant une sensualité débridée au travers de femmes nues au physique androgyne représentées dans des poses lascives, met en scène cette névrose latente pointée du doigt par Freud. L'artiste évoque également les cycles de la vie en représentant la grossesse, l'enfance et la vieillesse dans un monde fantasmagorique où tout est sujet à interprétation. Au tournant d'un nouveau siècle, Klimt apparaît ainsi comme le moteur et l'acteur d'une génération en quête de changement.

BIOGRAPHIE

UN FILS D'IMMIGRÉ FORMATÉ PAR L'ACADÉMISME

Gustav Klimt naît le 14 juillet 1862 à Baumgarten, dans la proche banlieue de Vienne. Il est le deuxième des sept enfants d'Ernst Klimt (1832-1892), originaire de Bohême (région de l'actuelle République tchèque), et d'Anna Finster (1836-1915), originaire de Vienne. Les trois fils du couple, Gustav, Ernst et Georg affichent un talent artistique précoce qui ravit leur père, lui-même graveur d'or. Les opportunités d'emploi étant rares pour les immigrants, Gustav Klimt vit dans la pauvreté toute son enfance.

Passionné de peinture d'histoire, en 1876, Gustav Klimt s'inscrit à l'École des arts décoratifs du musée royal et impérial autrichien d'art et d'industrie à Vienne, pour y étudier la peinture architecturale. Contrairement à de nombreux jeunes artistes, il accepte les principes de sa formation académique conservatrice. En 1877, son plus jeune frère, Ernst (1864-1892), qui veut devenir graveur comme son père, s'inscrit également à l'École des arts décoratifs. Les deux frères et leur nouveau camarade de classe, Franz Matsch (1861-1942), commencent à travailler ensemble. En 1883, ils achèvent leur formation et participent à un atelier commun qu'ils nomment « la Compagnie des artistes ». Gustav Klimt entame sa carrière professionnelle en peignant des fresques murales pour de grands bâtiments publics de la capitale, ce qui lui permet de vivre confortablement.

Suite à sa décoration de l'Ordre du mérite par François-Joseph Ier en 1888, pour sa contribution artistique dans le Burgtheater de Vienne, de facture néoclassique, l'artiste voyage, se rendant à Cracovie, à Trieste, à Venise et à Munich. À son retour, plus prolifique que jamais, il devient membre de l'association des artistes en arts plastiques de Vienne ; on lui propose également une chaire de professeur à l'Académie, bien qu'il n'y sera jamais nommé. Il rencontre également sa compagne et muse, Émilie Flöge (1874-1952), que l'on retrouve dans bon nombre de ses toiles. Néanmoins, un tournant s'opère dans la carrière de Gustav Klimt en 1892, lorsque son père meurt, suivi de près par son frère et associé, Ernst. Ce dernier laisse à la charge de son aîné une épouse et une fille. Ces deux tragédies affectent la vision artistique de Gustav Klimt, qui se dirige bientôt vers un style plus personnel et moins académique.

LA SÉCESSION VIENNOISE

En 1897, Gustav Klimt quitte l'association des artistes en arts plastiques de Vienne et devient l'un des membres fondateurs et présidents de la *Wiener Secession* et du périodique qui lui est associé, *Ver Sacrum* (1897-1903). Le gouvernement autrichien appuie les efforts du groupe et lui octroie un terrain public pour y ériger un hall d'exposition. Le bâtiment est construit par l'architecte Josef Maria Olbrich et devient emblématique de la Sécession viennoise. Quant au symbole de l'association, il n'est autre que Pallas Athéna, la déesse grecque des causes justes, de la sagesse et des arts, dont Gustav Klimt peint une version définitive en 1898.

En 1900, l'artiste expose dans la maison de la Sécession, à côté de peintures de paysages, l'esquisse de *La Philosophie*. Il s'agit d'une commande du ministère de l'Enseignement datant de 1894, lui demandant de réaliser les peintures du plafond du hall de l'université de Vienne. L'œuvre, qui présente de nombreuses allégories féminines à caractère érotique, crée le scandale à Vienne, où l'on parle d'atteinte aux bonnes mœurs. Elle vaut toutefois au peintre une médaille d'or à l'Exposition universelle de Paris.

En 1902, Klimt achève *La Frise Beethoven* pour la quatorzième exposition des sécessionnistes à Vienne. Trois ans plus tard, l'artiste se retire de la Sécession qu'il quitte définitivement avec quelques amis en 1908.

L'ÂGE D'OR DU PEINTRE

La dernière période de la vie du peintre est marquée par la réaction positive de la critique à son égard et le succès populaire de son travail. Gustav Klimt se rend alors à Londres et à Florence, mais également à Bruxelles, où il collabore avec d'autres artistes dans le somptueux palais Stoclet, demeure d'un riche industriel belge. Ce palais est à l'époque l'un des plus grands monuments de style Art nouveau. Le lieu est particulièrement représentatif du concept d'art total : l'architecture y est indissociable de la décoration extérieure et intérieure, du mobilier et même des objets usuels et des jardins. La salle à manger est entièrement couverte de mosaïques conçues d'après des esquisses de Gustav Klimt – *L'Arbre de vie*, *L'Attente*, *L'Accomplissement* (1905-1909) – et exécutées par Leopold Forstner (1878-1936) en marbre, verre et pierres semi-précieuses.

Entre 1907 et 1909, l'artiste achève les peintures de l'université de Vienne (*La Philosophie*, *La Médecine* et *La Jurisprudence*) et les expose à Vienne et à Berlin. Toutefois, l'université les refuse en raison de leur caractère trop érotique. À cette époque, Gustav Klimt peint également ses toiles les plus célèbres dont *Le Baiser*, réalisé entre 1907 et 1908. En 1911, son tableau *Mort et Vie* obtient le premier prix lors de l'exposition internationale d'art à Rome. Par la suite, des expositions sont organisées à Munich, Budapest, Mannheim ou encore Dresde. Il devient également membre honoraire de l'Académie des arts décoratifs de Vienne, alors qu'une chaire lui est refusée pour la quatrième fois par le ministère de l'Enseignement.

Le 11 janvier 1918, Gustav Klimt est victime d'un accident vasculaire cérébral dans son appartement viennois. Il meurt le 6 février en laissant de nombreuses œuvres inachevées.

CARACTÉRISTIQUES

QUATRE CENTRES D'INTÉRÊT MAJEURS

Lorsque l'on dresse un inventaire des œuvres achevées de Gustav Klimt, à savoir des tableaux et des peintures monumentales pour la grande majorité, quatre thématiques distinctes en ressortent : des portraits de femmes, des allégories, sa vision de l'humanité et des paysages. Seules quelques rares toiles s'éloignent de ces sources d'inspiration : le *Portrait du pianiste Pembauer* (1890), le *Portrait du comte de Traun* (1896) ou encore *Schubert au piano* (1899). La raison en est simple : ces œuvres sont exécutées à une période où Gustav Klimt est encore dépendant des commandes de particuliers pour vivre. Le portrait d'homme disparaît en effet de son répertoire dès le début du XXe siècle. Certains historiens de l'art prétendent que les représentations masculines présentes dans plusieurs de ses toiles sont en réalité des autoportraits, comme c'est le cas dans *Le Baiser*, par exemple. Néanmoins, l'artiste n'a jamais caché son désintérêt envers lui-même :

> Il n'y a pas d'autoportrait de moi. Je ne m'intéresse pas à ma personne en soi comme objet de mes peintures, mais plutôt à d'autres personnes, surtout des femmes, et encore plus cependant à d'autres aspects... Je suis persuadé de ne pas être particulièrement intéressant, en tant que personne. (FLIEDL (Gottfried), *Gustav Klimt. 1862-1918. Le monde à l'apparence féminine*, Cologne, Taschen, 1990, p. 192)

Si l'on ajoute aux tableaux et aux peintures monumentales les croquis de Gustav Klimt, on peut affirmer que son sujet de prédilection est la femme. Dès les débuts de l'artiste, elle est représentée soit pour elle-même, soit sous forme allégorique. Dans ce second cas de figure, elle renvoie alors à une idée abstraite. L'artiste détourne en effet la représentation idéalisée du corps de la femme tel qu'on le lui a enseigné pour lui conférer une valeur symbolique et érotique. Ainsi, dans ses œuvres, les figures féminines deviennent des femmes fatales pouvant sauver une humanité torturée grâce à l'art et à l'amour.

LA SACRALISATION DE LA LUMIÈRE

Les premières toiles de l'artiste se distinguent à la fois par leur sujet, par leur style et par leur beauté iconographique. Au fil des années, les compositions de Gustav Klimt se caractérisent par une densité et une occupation de tout l'espace du tableau, formé d'arabesques, de volutes, de mosaïques ou encore de petits motifs ornementaux. Néanmoins, ce qui fait avant tout le succès de l'artiste, c'est l'incorporation de feuilles d'or et d'argent dans ses toiles, une technique picturale qu'il utilise pour la première fois dans sa représentation de *Pallas Athéna* en 1898.

La popularité des œuvres « dorées » de Gustav Klimt est la consé-quence d'une association entre le rendu visuel magique de l'or et son caractère sacré, puisqu'il évoque la valeur matérielle des objets pré-cieux. En outre, la lumière qui émane des peintures grâce à l'insertion de feuilles d'or correspond parfaitement au contenu iconographique. La richesse de l'or rappelle les encadrements des icônes byzantines et russes, et déteint sur l'interprétation : les nus féminins de Klimt sont ainsi sacralisés en une provocante association entre sacré et profane.

KLIMT OU L'ART DE LA SIMPLICITÉ

Comme l'attestent de nombreuses photographies, Gustav Klimt aime travailler chez lui dans des tenues confortables. Il possède un atelier dans sa maison et apprécie de s'y mouvoir en sandales, dans une longue robe et sans sous-vêtement. Il mène une vie simple, presque cloîtrée, consacrée à son art et à sa famille. Contrairement à ce que l'on peut penser, il évite les cafés viennois, pourtant très en vogue chez les intellectuels, et ne fréquente que peu d'artistes. Sa renommée lui permet d'avoir de nombreux admirateurs et il peut s'octroyer le luxe d'être sélectif dans le choix de ses clients.

Lorsqu'il travaille dans son atelier, il arrive fréquemment que ses modèles soient obligés de réaliser de longues séances de pose. Sa méthode de peinture nécessite une grande patience. Par ailleurs, il se murmure que Gustav Klimt a régulièrement des aventures avec ses muses. La mythologie et les allégories de ses œuvres dissimulent ainsi une nature hautement érotique. Père de quatorze enfants illégitimes, il parvient néanmoins à rester discret quant à sa vie privée et à éviter les scandales.

SÉLECTION D'ŒUVRES

PALLAS ATHÉNA

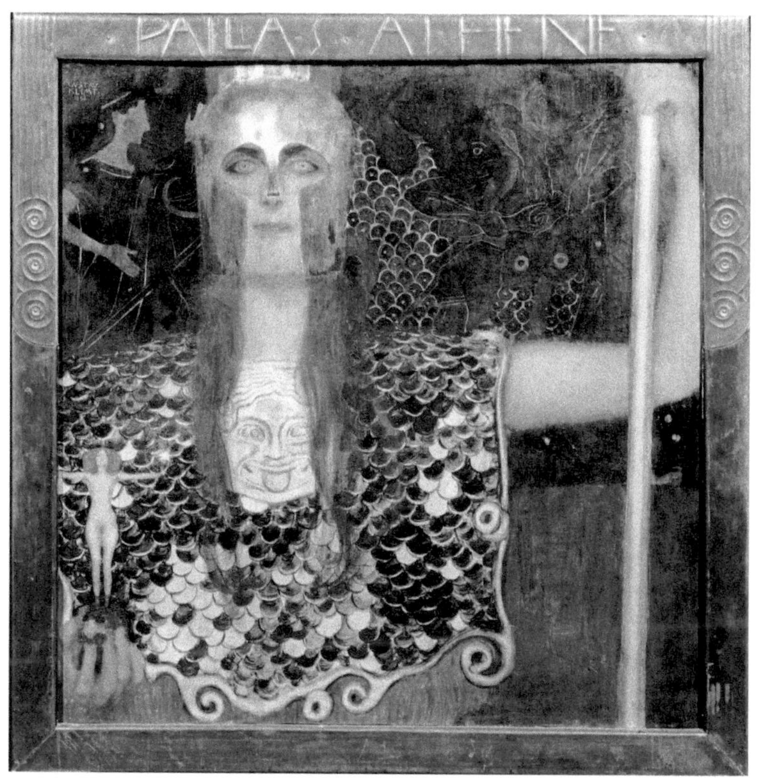

Pallas Athéna, 1898, huile sur toile, 75 x 75 cm, Vienne, Historisches Museum der Stadt Wien.

Cette œuvre marque en quelque sorte le début de l'émancipation de Gustav Klimt par rapport à l'art officiel. Elle est choisie comme affiche de la première exposition des sécessionnistes en 1898.

Le tableau représente, comme son titre l'indique, la déesse grecque Athéna, surnommée Pallas en référence au géant qu'elle tua et dont elle prit la peau pour s'en faire une cuirasse. Dans la mythologie, il s'agit d'une puissance androgyne, déesse de la sagesse, de la guerre et de l'art.

Cette figure est très différente des femmes fatales que l'artiste a pour habitude de représenter. Dans ce cas-ci, c'est la divinité qui interpelle Gustav Klimt, en raison de sa puissance, plus que la femme elle-même. Comme l'histoire l'a longtemps suggéré, le pouvoir est l'un des stimuli sexuels les plus importants et la volonté de puissance est fortement liée au désir sexuel. Ainsi, cette Athéna peut être considérée comme la femme la plus puissante du répertoire de l'artiste.

Elle est représentée casquée, vêtue d'une armure d'or, tenant dans une main la *Nuda Veritas* (la « vérité nue ») et de l'autre une lance dont on ne voit qu'une partie. Si l'artiste s'est directement inspiré des nombreuses représentations antiques d'Athéna, il opère toutefois un décalage par rapport à ces dernières en peignant la Gorgone (monstre de la mythologie antique dont la tête est ornée de serpents) qui orne l'armure de la déesse avec la langue tirée. De même, l'utilisation de feuilles d'or témoigne d'une volonté non seulement de changer de style, mais aussi de s'émanciper de la tradition : grâce à ce procédé, Athéna devient intemporelle et archaïque, symbole de rêve et de puissance.

LA FRISE BEETHOVEN

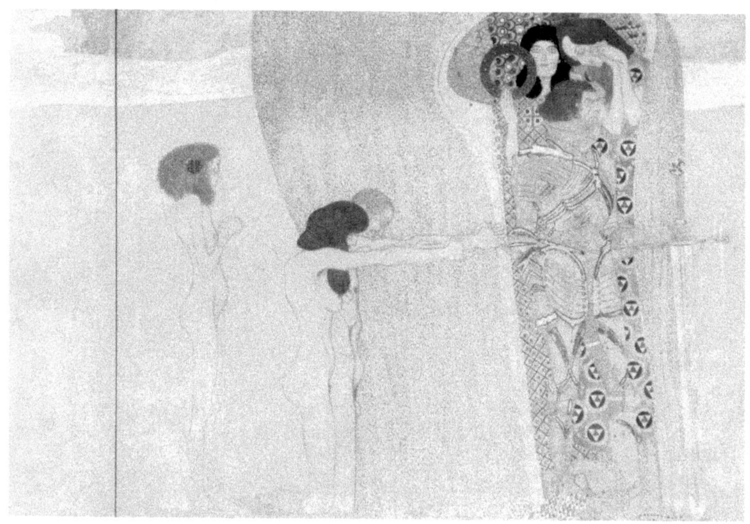

La Frise Beethoven, 1902, caséine sur fond de stuc, 220 x 1378 cm, Vienne, Österreichische Galerie Belvedere. Panneau de gauche, *L'Aspiration au bonheur.*

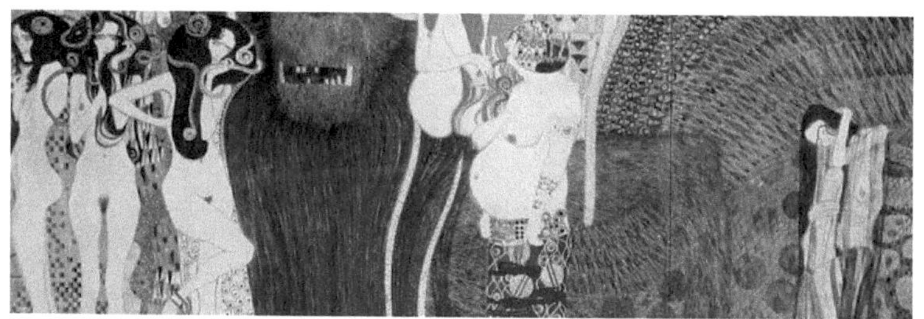

Panneau central, *Les Forces hostiles.*

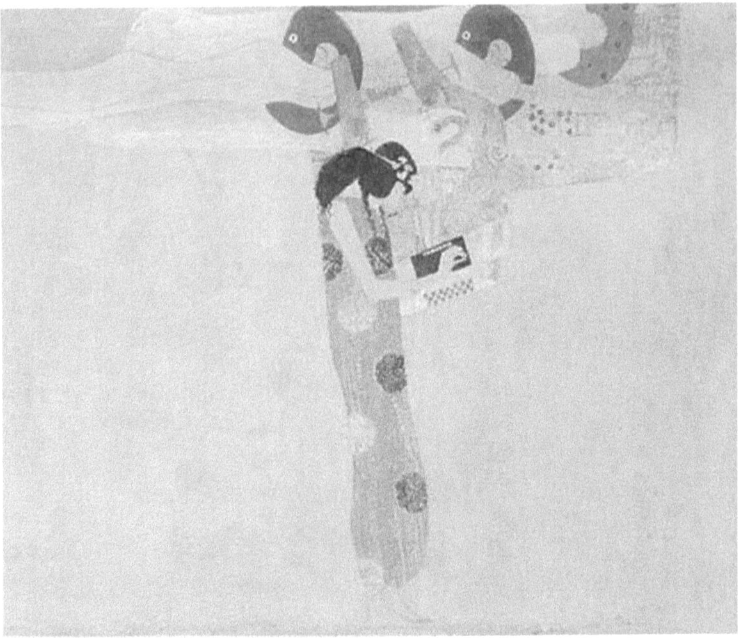

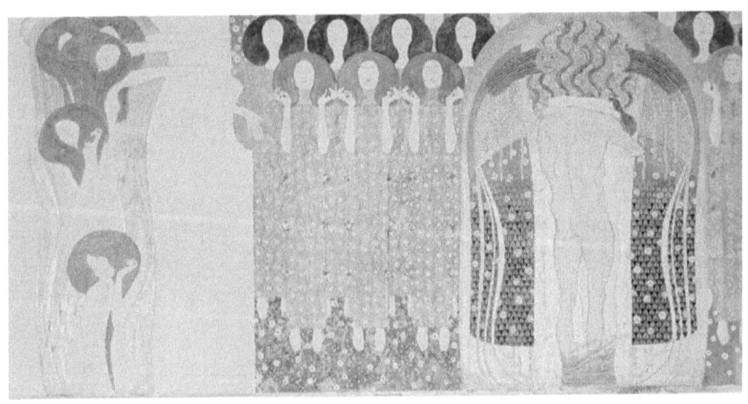

Première partie du panneau de droite, *Le Baiser au monde entier*.

Deuxième partie du panneau de droite, *Le Baiser au monde entier*.

La Frise Beethoven est conçue en 1902 pour la quatorzième exposition des sécessionnistes, à l'occasion de la célébration du compositeur Ludwig van Beethoven (1770-1827). La frise est peinte directement sur les murs du palais de la Sécession avec des matériaux légers, l'artiste se souciant davantage de l'effet plastique de son œuvre que de sa conservation. Après l'exposition, la peinture est heureusement préservée : en 1903, un collectionneur en fait l'acquisition, la détache du mur en sept pièces et l'emporte avec lui. En 1973, la République d'Autriche rachète l'œuvre, la restaure et la rend accessible au public à partir de 1986, dans une pièce du palais de la Sécession construite à cet effet.

Le sujet central de la frise se réfère au chœur final de la *Neuvième Symphonie* de Beethoven, autrement dit à la libération de la « faible humanité » par l'art et l'amour. Le spectateur suit ce voyage musical à travers un mode visuel et linéaire. L'œuvre se lit en effet comme une tapisserie du Moyen Âge.

Plus précisément, la frise se déroule sur trois pans de murs et représente trois scènes diamétralement différentes, mais correspondant toutes aux sentiments suscités par la *Neuvième Symphonie*. L'œuvre illustre le désir humain de bonheur dans un monde de souffrances dues à des forces maléfiques externes, mais aussi à des faiblesses internes.

- À gauche, sur le premier mur latéral, long de presque 14 mètres et appelé *L'Aspiration au bonheur*, figurent les « génies flottants », qui symbolisent justement ce désir, puis « la faible humanité souffrante », représentée par trois personnages nus et décharnés – un couple agenouillé et une jeune fille qui se tient debout en arrière –, priant l'« Invincible Guerrier », « Pitié » et « Hardiesse », selon les descriptions de l'artiste. Ces trois allégories apparaissent plus grandes que les âmes en détresse et sont richement parées de feuilles d'or.

- Sur le mur central de 6, 30 mètres apparaissent les puissances maléfiques qui balayent les aspirations au bonheur, comme l'indique le titre du panneau, *Les Forces hostiles* : on trouve, à gauche, « les Trois Gorgones », sous la forme de femmes nues aux longs cheveux noirs entremêlés de spirales dorées représentant des serpents, ainsi que « Maladie, Folie, Mort », en arrière-plan et en hauteur, dont les visages ressemblent à des masques ; arrive ensuite le monstre Typhon, père des Gorgones, dont les ailes bleues et les extrémités ondoyantes occupent presque tout le mur central ; au cœur du panneau s'affichent « Volupté, Luxure et Intempérance », aux formes voluptueuses ; à droite, « Chagrin déchirant » prend l'apparence d'une femme recroquevillée qui semble souffrir.

- Enfin, le mur latéral droit, *Le Baiser au monde entier*, contient « la poésie », sous l'apparence d'une joueuse de lyre, « les muses », qui ouvrent les portent d'un univers tissé de bonheur et d'amour, et, en dernier lieu, le « chœur des anges du paradis », qui entoure le « baiser au monde entier ».

Pour cette œuvre monumentale, Gustav Klimt utilise un grand nombre de matières différentes et n'hésite pas à recycler des matériaux non conventionnels : couleur à la caséine, enduits de stuc, dorures, morceaux de miroirs, éclats de verre dépolis, etc.

LA PHILOSOPHIE

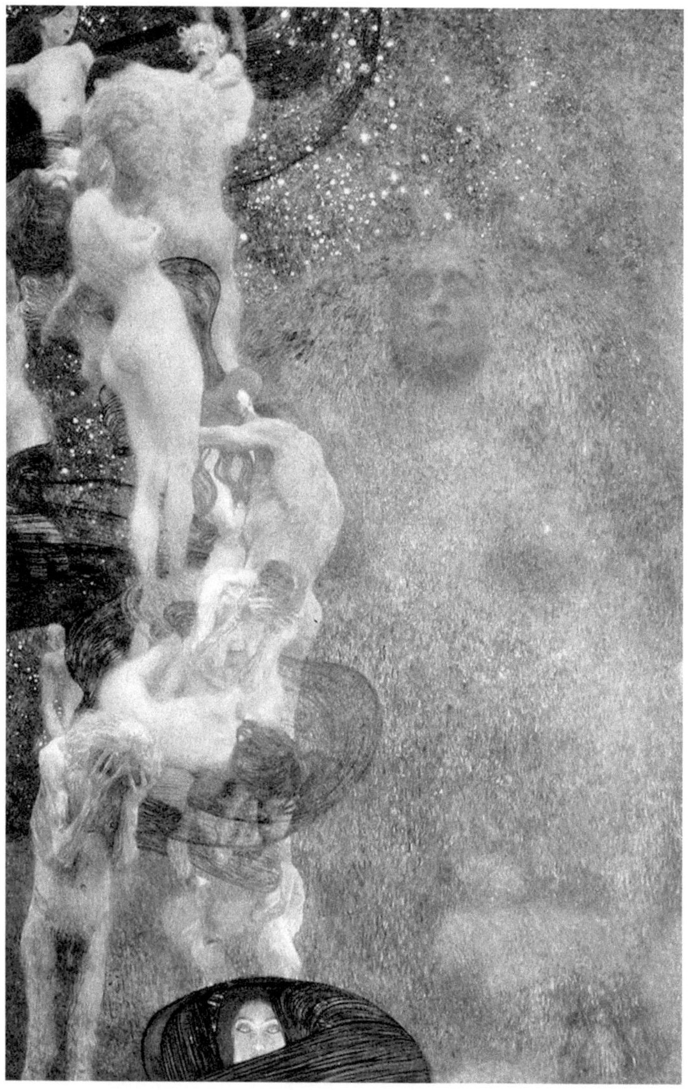

La Philosophie, 1907, huile sur toile, 430 x 300 cm, détruite par un incendie allumé lors du retrait des forces allemandes en 1945 au château d'Immendorf en Autriche.

La Philosophie fait partie d'un ensemble de trois toiles, aussi connu sous l'appellation *Les Peintures des facultés*, réalisé par Gustav Klimt pour le plafond du grand hall de l'université de Vienne entre 1900 et 1907.

Première des trois œuvres, *La Philosophie* est présentée au gouvernement autrichien lors de la septième exposition des sécessionnistes en mars 1900. Si elle obtient une médaille d'or à l'Exposition universelle de Paris, elle est cependant très mal acceptée dans son propre pays. Les critiques se concentrent essentiellement sur le caractère choquant des représentations d'hommes et de femmes nus que l'on voit dériver dans une sorte de transe sur la gauche du tableau. Le thème de la peinture devait initialement être la victoire de la lumière sur l'obscurité, mais Gustav Klimt préfère présenter une masse de rêve qui ne fait référence à rien de concret et laisse place à un vide oppressant. S'il s'oppose en cela aux représentations académiques de ce sujet, son œuvre traduit pourtant exactement l'atmosphère d'« apocalypse joyeuse » qui règne à Vienne à cette époque.

Face aux critiques et au rejet des trois tableaux par l'université de Vienne, l'artiste décide d'annuler la commande des *Peintures des facultés* et de rendre l'argent avancé par le ministère autrichien. Le peintre Koloman Moser (1868-1918) et le collectionneur Erich Loderer achètent alors les trois œuvres. *La Médecine* est exposée à la galerie autrichienne, tandis que *La Philosophie* et *La Jurisprudence* sont acquises par la suite par le baron Bachofen-Echt et transmises de force à l'État en 1938, car elles appartiennent à des Juifs. En mai 1945, les trois tableaux sont détruits suite à la retraite des forces SS qui mettent le feu au château d'Immendorf pour éviter qu'elles ne tombent entre des mains ennemies. De ces trois œuvres, il ne reste plus aujourd'hui que des croquis préparatoires et quelques photographies.

LE BAISER

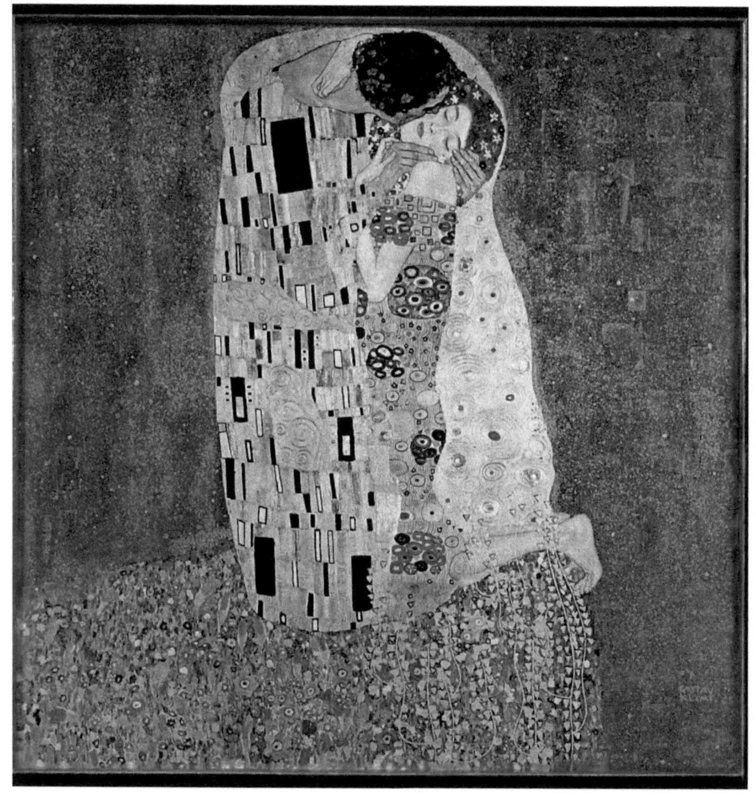

Le Baiser, 1907-1908, huile et or sur toile, 180 x 180 cm, Vienne,
Österreichische Galerie Belvedere.

Le Baiser, réalisé en 1907-1908, est aujourd'hui considéré comme
un chef-d'œuvre de l'histoire de l'art. Il s'agit d'un symbole
majeur de l'Art nouveau viennois et du travail le plus populaire
de Gustav Klimt, décliné en de nombreuses reproductions.

Le succès de cette œuvre tient à deux choses : la beauté
séduisante de l'or et la représentation du couple d'amoureux
incarnant un bonheur érotique parfait. L'œuvre évoque un monde

harmonieux dans lequel les amants, entourés d'une aura dorée, s'isolent dans la sublimation du sentiment amoureux, en ignorant la réalité qui les entoure. Le fond et le parterre de fleurs ont peu d'importance : ils ne renvoient pas à un lieu, mais plutôt à un espace intemporel.

De forme parfaitement carrée, la toile représente un couple enlacé, leurs corps joints dans des étoffes aux motifs complexes. L'ornementation des vêtements, telle une mosaïque, varie selon le sexe : pour l'homme, des rectangles blancs et noirs ; pour la femme, des cercles de couleur ainsi que des fleurs. De cet ensemble, on peut voir émerger les visages des amants, collés l'un contre l'autre, et les mains, entrelacées, exprimant une profonde intimité. La femme est agenouillée et se donne à son amant, les paupières closes, se laissant transporter par la passion amoureuse.

Du point de vue technique, l'œuvre se compose de peinture à l'huile classique et de couches de feuilles d'or, typique de la période dorée de l'artiste.

DANAÉ

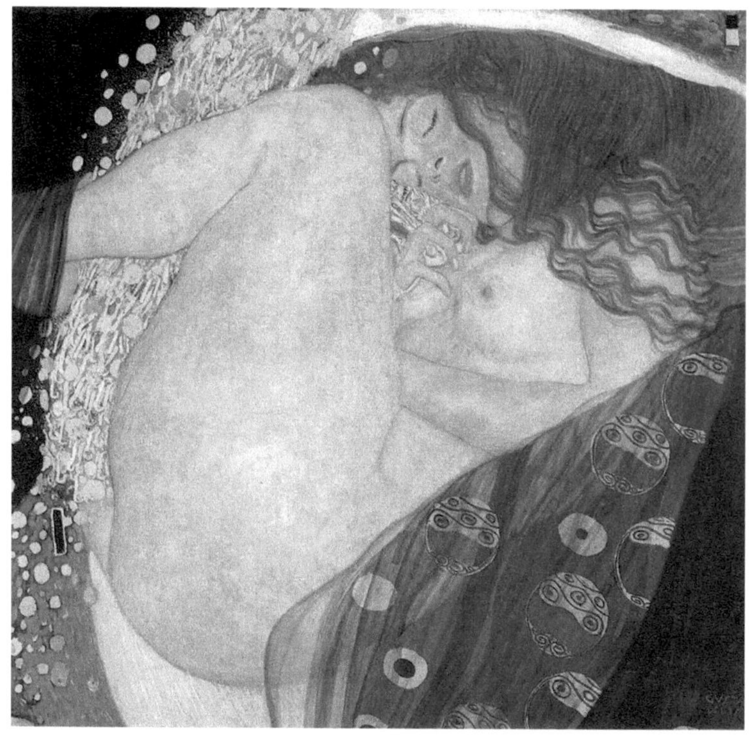

Danaé, 1907-1908, huile sur toile, 77 x 83 cm, Graz, collection particulière.

Le mythe représenté ici est celui de Danaé. Akrisios, roi d'Argos, croyant en la prophétie de l'oracle disant qu'il mourrait des mains de son propre petit-fils, décide d'enfermer sa fille dans une tour sombre, la préservant ainsi de toute tentation. Néanmoins, la jeune femme enflamme le cœur du dieu Zeus, qui prend l'apparence d'une pluie d'or afin de l'enfanter. Il s'agit donc d'une représentation de la procréation, mais plus encore de la fertilité universelle et de l'obsession de Gustav Klimt pour une sexualité se suffisant à elle-même.

L'artiste crée une perspective déformée qui sexualise tout le corps de la jeune femme. La cuisse et les fesses sont mises au premier plan, donnant l'impression au spectateur de plonger au cœur de l'intimité féminine. Les couleurs sont traitées de telle sorte que la sexualité de Danaé est le sujet principal du tableau. Son corps est illuminé par l'or, tandis que le fond noir la met encore davantage en valeur. Dans cette composition resserrée inédite dans l'histoire de l'art, l'artiste réduit la femme à sa plus simple sexualité tandis que Zeus constitue un ornement parmi d'autres.

GUSTAV KLIMT, UNE SOURCE D'INSPIRATION

L'influence artistique de Gustav Klimt se fait surtout sentir dans son pays et sa ville d'origine. Son œuvre inspire directement de grands artistes viennois comme Egon Schiele (1890-1918) et Friedensreich Hundertwasser (1928-2000). Poussé par l'effervescence artistique caractéristique de la fin du XIXe siècle, Egon Schiele s'inscrit dans une nouvelle forme de représentation du paysage et du corps humain. Quant à Friedensreich Hundertwasser, à la fois peintre et architecte, il incarne, quelques décennies plus tard, un renouveau artistique fortement marqué par la révolution instiguée par Gustav Klimt.

EGON SCHIELE

Egon Schiele, peintre et dessinateur autrichien, découvre l'art des sécessionnistes à Vienne. Il rencontre Gustav Klimt en 1907, alors qu'il n'est âgé que de 17 ans, et reconnaît en lui son modèle et son maître spirituel. L'admiration est réciproque entre les deux artistes. Bien qu'indépendants dans leur style et dans la représentation de leur sujet, des points communs se manifestent dans les œuvres des deux peintres.

Si tous deux sont particulièrement préoccupés par l'esthétique de l'érotisme, d'un point de vue stylistique, le travail de Gustav Klimt est formellement ordonné et décoratif, tandis que celui d'Egon Schiele est plus torturé et plus expressif. Le premier s'efforce d'atteindre, par des moyens formels, un ordre qui, comme c'est le cas chez le peintre hollandais Piet Mondrian (1872-1944), s'adapte à l'ensemble de la collectivité. Egon Schiele, plus proche en revanche du peintre allemand Paul Klee (1879-1940), transcrit des idées très personnelles qui ont le pouvoir d'évoquer des expériences communes. Singulièrement, Gustav Klimt peut être considéré comme un artiste emblématique d'un style de fin de siècle, tandis que Schiele incarne la prise de conscience nouvellement acquise de l'homme du XXe siècle. Ensemble, les deux artistes représentent l'incroyable richesse créative des années 1900.

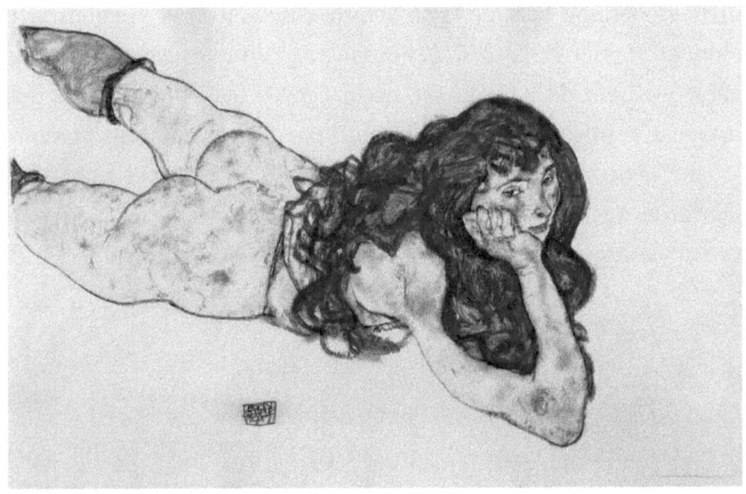

SCHIELE (Egon), *Femme nue sur le ventre*, 1914, crayon et gouache sur papier, 31 x 48 cm, collection particulière.

FRIEDENSREICH HUNDERTWASSER

Friedensreich Hundertwasser trouve son inspiration dans l'art, l'écologie et la philosophie. Il utilise des couleurs vives et des formes organiques qui représentent une réconciliation de l'homme avec la nature et un individualisme fort. Rejetant les lignes droites, qu'il désigne comme les « outils du diable », il est fasciné par les spirales. Son travail architectural est comparable à celui de l'Espagnol Antoni Gaudí (1852-1926) dans son utilisation des formes organiques et des mosaïques. Son œuvre picturale est, quant à elle, directement inspirée de l'art des sécessionnistes, et plus spécifiquement par Gustav Klimt et Egon Schiele, bien qu'il ne les ait jamais rencontrés. Friedensreich Hundertwasser symbolise le tournant de l'art viennois vers le mouvement surréaliste.

LE SURRÉALISME

Le surréalisme est un mouvement artistique européen de la première moitié du XXe siècle. Il se caractérise notamment par le recours à un ensemble de procédés de création et d'expression utilisant les forces psychiques (automatisme, rêve, inconscient) libérées du contrôle de la raison et en lutte contre les valeurs reçues. Le surréalisme se situe ainsi à l'opposé du naturalisme et du réalisme, qui entendent au contraire rendre compte de la réalité de la manière la plus fidèle possible, sans l'idéaliser ou en donner une image épurée.

EN RÉSUMÉ

- Gustav Klimt se situe à la charnière entre le XIXe siècle et le XXe siècle. Il passe toute son existence à Vienne, une ville alors en pleine effervescence qui marque profondément son œuvre. L'évolution de la société viennoise et un vif désir de renouveau artistique en font un des piliers de l'Art nouveau qui éclot à cette époque en Europe.

- Enfant d'immigré, il intègre l'École des arts décoratifs de Vienne, où il reçoit une formation académique conservatrice. Pendant et après ses études, il s'associe avec son frère Ernst et d'autres artistes afin de réaliser des commandes d'œuvres de style néoclassique.

- Après la mort de son frère, Gustav Klimt remet son travail en question et opère un revirement artistique en devenant, en 1897, le chef de file du groupe des Sécessionnistes. Dans la lignée de l'Art nouveau, la *Wiener Secession* inaugure un véritable renouveau artistique en Autriche.

- Ses œuvres représentent principalement des portraits féminins dotés de traits de femmes fatales, des allégories et des paysages. Son style et l'utilisation de feuilles d'or et d'argent dans ses toiles lui apportent rapidement le succès. Gustav Klimt renouvelle à la fois les sujets et l'art de peindre.

- En 1900, l'artiste expose l'esquisse de *La Philosophie*, une commande du ministère de l'Enseignement. Si l'œuvre, qui présente de nombreuses allégories féminines à caractère érotique, crée le scandale à Vienne, elle rapporte au peintre une médaille d'or à l'Exposition universelle de Paris.

- En 1902, Gustav Klimt achève *La Frise Beethoven*, peinte sur les murs du palais de la Sécession, pour la quatorzième exposition des sécessionnistes. Le sujet central de l'œuvre renvoie au cœur final de la *Neuvième Symphonie* de Beethoven, qui exprime la libération de la « faible humanité » par l'art et l'amour.

- C'est entre 1907 et 1909 que Gustav Klimt peint ses toiles les plus célèbres, dont *Le Baiser* (1908), considéré comme un chef-d'œuvre de l'histoire de l'art. Mondialement connu et reconnu, l'artiste est alors exposé dans de nombreuses villes. À l'aube du XXe siècle, il apparaît comme l'incarnation d'une société en quête de changement.

POUR ALLER PLUS LOIN

SOURCES BIBLIOGRAPHIQUES

- Armiraglio (Federica), *Klimt*, Milan, Skira Mini Art books, 2009.
- Baümer (Angelika), *Klimt et les femmes*, Paris, Hazan, 2001.
- Clair (Jean), *Vienne 1880-1938 : l'apocalypse joyeuse*, Paris, Centre Georges Pompidou, 1986.
- Fliedl (Gottfried), *Gustav Klimt 1862-1918, le monde à l'apparence féminine*, Cologne, Taschen, 1990.
- Gaultier (Alyse), *L'ABCdaire de Klimt*, Paris Flammarion, 2005.
- Metzger (Rainer), *Gustav Klimt : dessins et aquarelles*, Paris, Hazan, 2005.
- Pabst (Michael), *L'Art graphique à Vienne autour de 1900*, Paris, Mercure de France, 1984.

SOURCES ICONOGRAPHIQUES

- Klimt (Gustav), *Danaé*, 1907-1908, huile sur toile, 77 x 83 cm, Graz, collection particulière. La photo reproduite est réputée libre de droits.
- Klimt (Gustav), *Femme à l'éventail*, 1917-1918, huile sur toile, 100 x 100 cm, Vienne, Leopold Museum. La photo reproduite est réputée libre de droits.
- Klimt (Gustav), *La Frise Beethoven*, 1902, caséine sur fond de stuc, 220 x 1378 cm, Vienne, Österreichische Galerie Belvedere. Les photos reproduites sont réputées libres de droits.
- Klimt (Gustav), *La Philosophie*, 1907, huile sur toile, 430 x 300 cm, détruite par un incendie allumé lors du retrait des forces allemandes en 1945 au château d'Immendorf en Autriche. La photo reproduite est réputée libre de droits.

- KLIMT (Gustav), *Le Baiser*, 1907-1908, huile et or sur toile, 180 x 180 cm, Vienne, Österreichische Galerie Belvedere. La photo reproduite est réputée libre de droits.
- KLIMT (Gustav), *Pallas Athéna*, 1898, huile sur toile, 75 x 75 cm, Vienne, Historisches Museum der Stadt Wien. La photo reproduite est réputée libre de droits.
- SCHIELE (Egon), *Femme nue sur le ventre*, 1914, crayon et gouache sur papier, 31 x 48 cm, collection particulière. La photo reproduite est réputée libre de droits.

SOURCES COMPLÉMENTAIRES

- *Klimt*, film de Raoul Ruiz, avec John Malkovich, Veronica Ferres et Saffron Burrows, France, Royaume-Uni, Autriche et Allemagne, 2005.

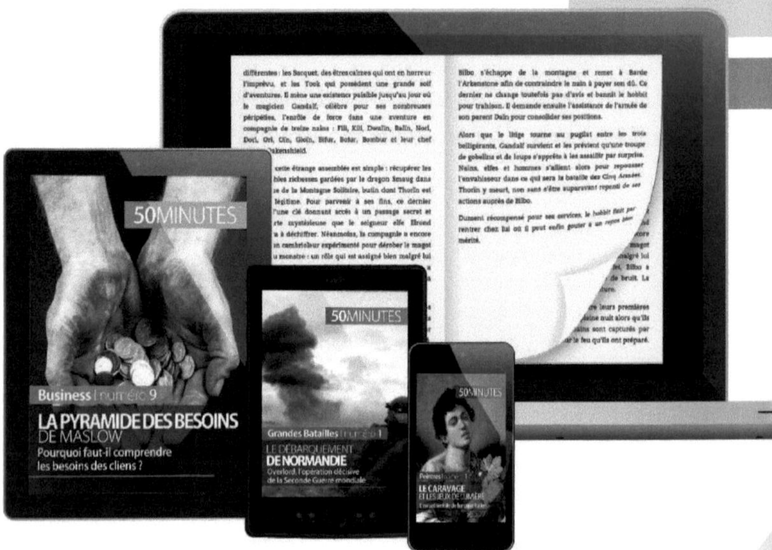

50MINUTES

Art

Business

Histoire

SOYEZ LÀ
OÙ ON NE VOUS ATTEND PAS !

www.50minutes.com

www.50minutes.com

Éditeur responsable : Lemaitre Publishing
Rue Lemaitre 6 | BE-5000 Namur
info@lemaitre-editions.com

ISBN ebook : 978-2-8062-5780-2
ISBN papier : 978-2-8062-5781-9
Dépôt légal : D/2014/12603/158
Photo de couverture : © *Femme à l'éventail*, par Gustav Klimt, 1917-1918.

Conception numérique : Primento,
le partenaire numérique des éditeurs